DAS SIND WIR

DIE BUCKET LIST FÜR
BESTE FREUNDINNEN

WIR KENNEN UNS HEUTE

Jahr(e)	Monat(e)	Woche(n)	Tag(e)	Minute(n)

DAS WOLLTE ICH DIR NOCH SAGEN

FÜR:

_____

_____

_____

_____

_____

DAS WOLLTE ICH DIR NOCH SAGEN

FÜR:

_____

_____

_____

_____

_____

DAS SIND WIR

NAME:

SPITZNAME:

NAME:

SPITZNAME:

BEST ∞ FRIENDS FOREVER

Ort: _____   Datum: _____

So haben wir uns kennengelernt: _____

_____

_____

_____

_____

_____

_____

_____

_____

_____

_____

_____

_____

_____

_____

Unser Motto: _____

_____

Unsere Stärken:

EURE ♥B ♥F ♥F BUCKET LIST ✓

WER WAGT, GEWINNT!

Los geht's ...

BESTE
FREUNDIN
gefunden

CHECK ✓ Das ist großartig!

Im Herzen seid ihr Schwestern? Zwischen euch passt kein Blatt Papier? Ihr vertraut euch alles an und kennt euch in- und auswendig? Dann seid ihr wohl beste Freundinnen und gemeinsam schaffen beste Freundinnen einfach alles. Aber meistert ihr auch alle Aufgaben in diesem Buch und zeigt allen, wie großartig ihr seid? Vertraut euch, habt Spaß und macht dieses Buch zu eurem persönlichen Abenteuer: Denn wer wagt, gewinnt, und beste Freundinnen gehen bekanntlich durch dick und dünn miteinander!

1.

STARTET ZUSAMMEN EINE BUCKET LIST!

Coole Sache!

2.

Gestaltet ZUSAMMEN EIN FREUNDSCHAFTS–T–SHIRT!

3.

DENKT EUCH EIN COOLES BEGRÜSSUNGSRITUAL AUS
UND WENDET ES IN EINEM PASSENDEN MOMENT AN!

Kleidet EUCH EINEN TAG LANG wie ZWILLINGE!

4.

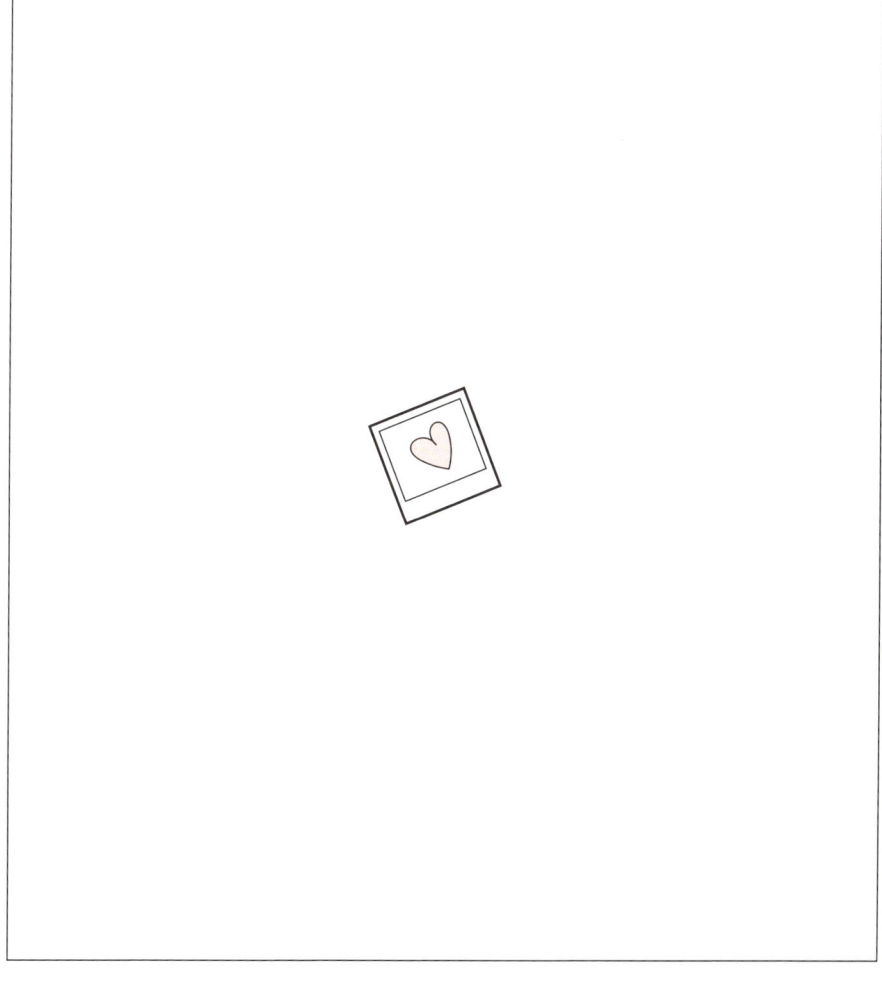

FRÜHLING

5. PFLÜCKT EIN PAAR ERDBEEREN UND MACHT MARMELADE DARAUS!

 FÄRBT UND GESTALTET EIN PAAR WITZIGE OSTEREIER! **6.**

7.

PFLÜCKT EINEN BLUMENSTRAUSS UND VERSCHENKT IHN!

8.

 TANZT ZUSAMMEN IN DEN MAI!

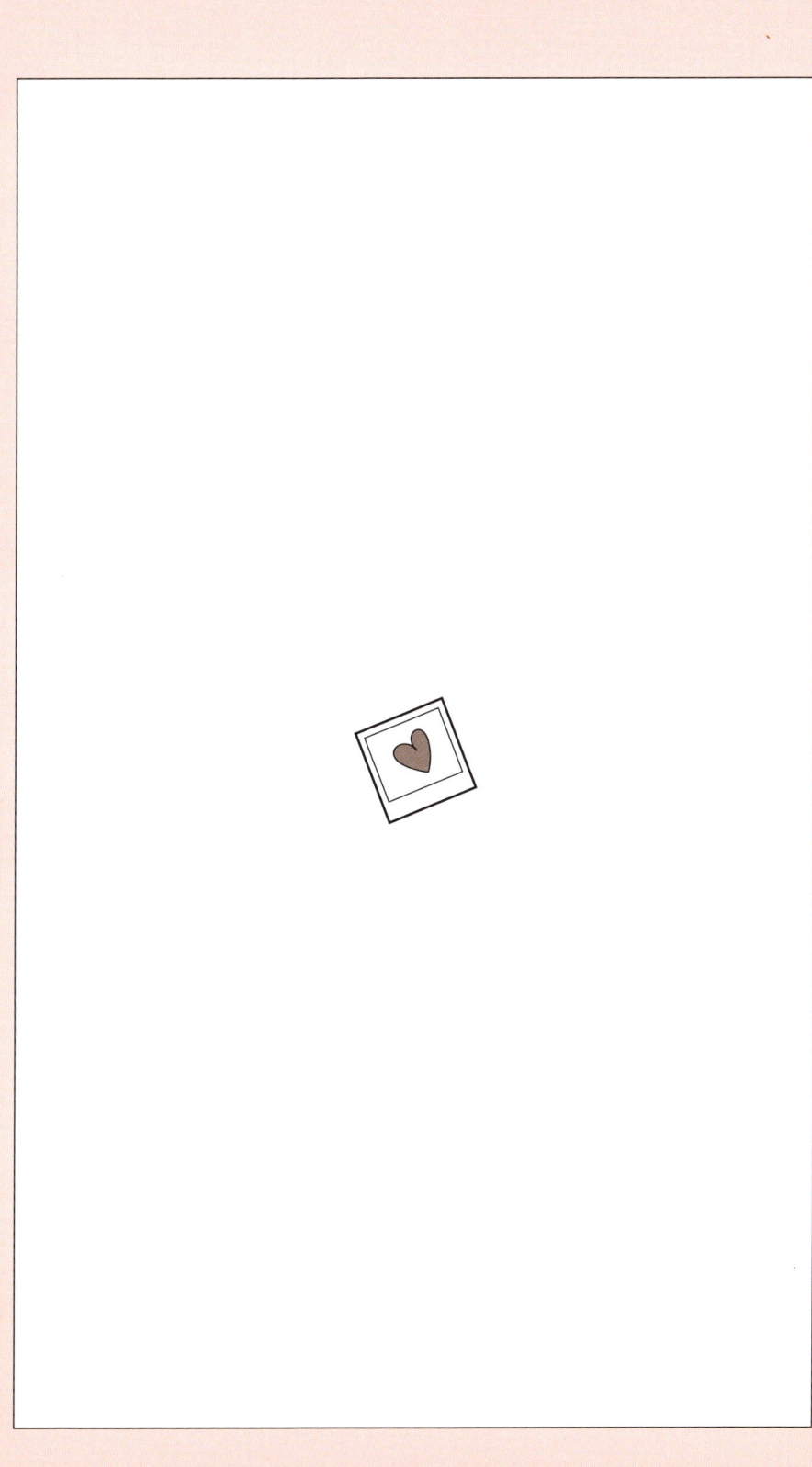

9.

LEST das GLEICHE BUCH ?!?!
UND REDET DARÜBER!

Titel: _____

Autor: _____

Wir haben uns für dieses Buch entschieden, weil: _____

_____

_____

Fazit: _____

_____

_____

_____

_____

_____

_____

_____

_____

10. GEHT ins KINO

UND LASST EINEN FREMDEN entscheiden, WELCHEN FILM IHR SCHAUT!

TICKET

Datum: _____

Film: _____

Bewertung: ☆ ☆ ☆ ☆ ☆

11. BESUCHT *gemeinsam* *drei* METROPOLEN EUROPAS!

Stadt: _____

Datum: _____

Unser schönster Moment: _____

_____

_____

Stadt: _____

Datum: _____

Unser schönster Moment: _____

_____

_____

Stadt: _____

Datum: _____

Unser schönster Moment: _____

_____

_____

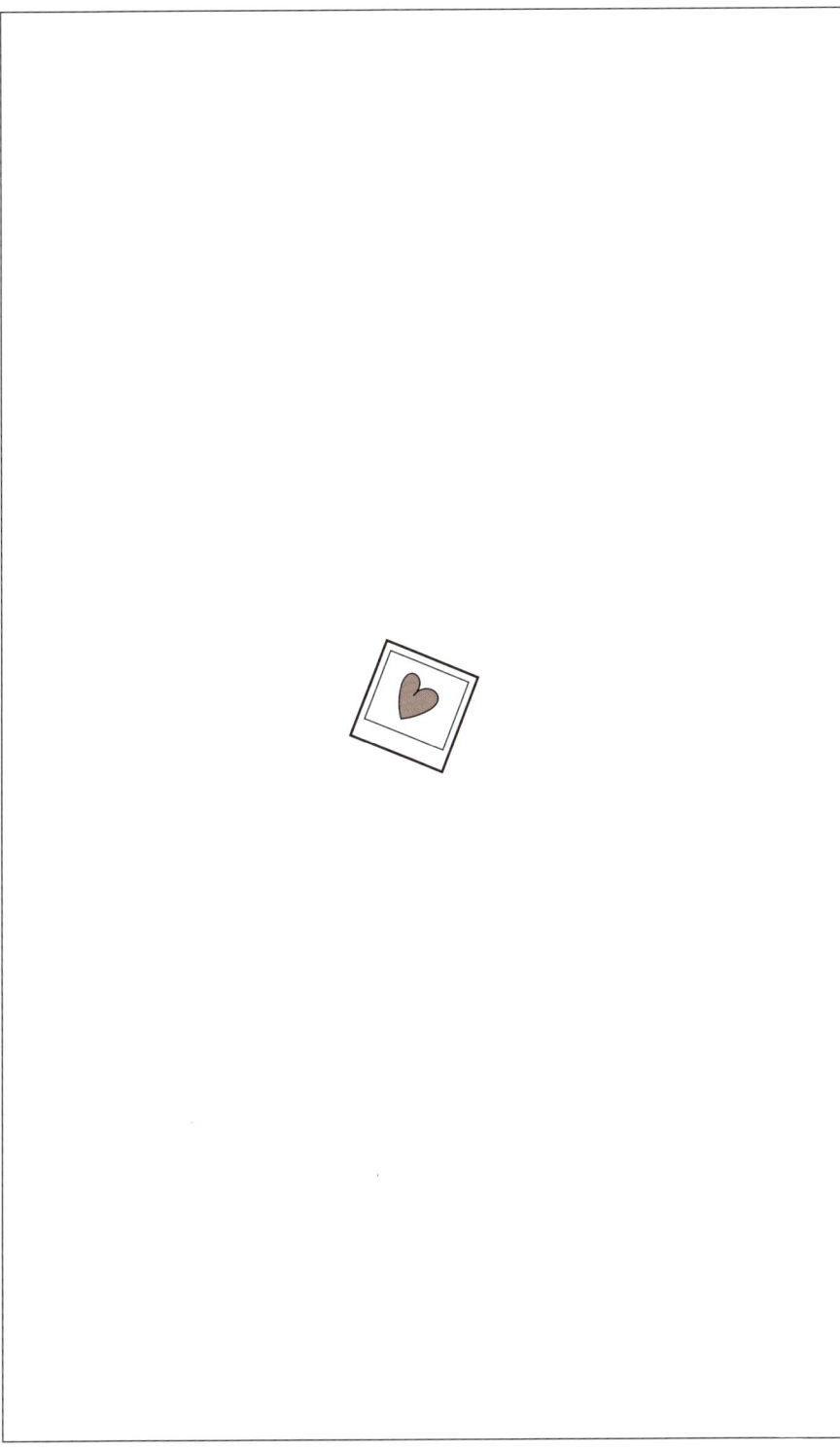

12.

HINTERLASST EURE FUSSSPUREN IM SAND!

13.

Fahrt ZUSAMMEN ACHTERBAHN, bis EUCH SCHLECHT WIRD!

14.

LERNT EINEN TANZ AUS EINEM YOUTUBE—VIDEO UND STELLT DAS ERGEBNIS ONLINE!

Let's dance!

15.

☐ GEHT AUF EINE KNEIPENTOUR UND BESTELLT NUR EINEN DRINK PRO BAR!

16.

☐

MELDET *euch* ZU *einer* CASTINGSHOW AN!

17.

☐

FANGT EURE EIGENE STERNSCHNUPPE!

#Wunscherfüllung

18.

Gestaltet EUER persönliches

FREUNDSCHAFTSTATTOO!

 aufgemalt   tätowiert

19.

☐

FAHRT MIT EINEM TANDEM DURCH DEN DRIVE-IN!

Ihre Bestellung, bitte!

SCHAUT *euch* EIN

20.

☐

FEUERWERK *an!*

21.

☐

WÜNSCHT EUCH EUREN LIEBLINGSSONG IM RADIO!
BITTE NICHT SCHÄMEN!

22.

SCHAFFT EUCH EINE ERINNERUNGSKISTE AN UND SAMMELT DARIN EURE GEMEINSAMEN MOMENTE!

Fotos, Eintrittskarten, Einkaufszettel ...

23.

TAUSCHT einen TAG eure IDENTITÄTEN!

24.

FAHRT EINE RUNDE GOKART UND VERKLEIDET EUCH DABEI ALS MARIO-KART-FIGUREN!

It's-a me, Mario!

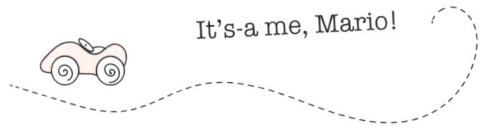

25.

SPIELT DER ANDEREN EINEN STREICH!

Wie sieht wohl die Revanche aus?

26.

VERABREDET *euch* zu ♥ EINEM DOPPELDATE!

Notfallplan dabei?

27.

WOHNT FÜR EINE WEILE ZUSAMMEN!

WG oder Übernachtungsparty?

28. schreibt EUCH GEGENSEITIG EINEN Brief !

Brief von: _____

Daraus die besten Zeilen: _____

_____

_____

_____

_____

_____

_____

Brief von: _____

Daraus die besten Zeilen: _____

_____

_____

_____

_____

_____

29.

FÄRBT euch GEGENSEITIG DIE HAARE!

Vorher:

Nachher:

30.

KOCHT ETWAS ZUSAMMEN!
SCHWIERIGKEIT: EINE VON EUCH MIT VERBUNDENEN AUGEN!

Wer hat die besseren Nerven?

31.

sucht EUCH EIN gemeinsames HOBBY!

32.

MACHT ZUSAMMEN EINEN LUFTSPRUNG!

Wer greift nach den Sternen?

33.

☐ LASST EINEN STEIN ÜBERS WASSER HÜPFEN!

Welcher Stein springt weiter?

34.

☐ *startet* EUREN EIGENEN PODCAST! *listen*

35.

☐ ERZÄHLT EUCH GEGENSEITIG EINEN WITZ!

HA, HA, HA

Ein Pfarrer, eine Blondine und ...

SOMMER

36. BAUT EINE RIESIGE SANDBURG!

37.  KREIERT EUREN EIGENEN COCKTAIL!

38. VERANSTALTET EINEN GRILLABEND MIT FREUNDEN!

39.  TEILT EUCH EINEN LECKEREN EISBECHER!

*COCKTAILREZEPT

Zutaten: Menge:

_____   _____   _____   _____

_____   _____   _____   _____

_____   _____   _____   _____

_____   _____   _____   _____

_____   _____   _____   _____

Bewertung: ☆ ☆ ☆ ☆ ☆

Passt dazu: _____

40.

☐ FAHRT ZUSAMMEN RIESENRAD UND SCHREIT JEDES MAL LAUT, WENN DIE GONDEL GANZ OBEN IST!

Bleibt ZUSAMMEN

41.

☐ WACH, *bis die* WOLKEN WIEDER LILA SIND!

42.

☐

ERFÜLLT EUCH GEGENSEITIG EINEN HERZENSWUNSCH!

43. LERNT ZUSAMMEN EINE Sprache!

HELLO   BONJOUR   GRAZIE

Sprache: _____

Die witzigsten Vokabeln: _____

_____   _____

_____   _____

_____   _____

_____   _____

_____   _____

_____   _____

_____   _____

_____   _____

_____   _____

_____   _____

_____   _____

_____   _____

44.

UMARMUNG!

„Könnte ich mir eine Umarmung ausleihen?
Ich gebe sie wieder zurück,
versprochen!"

45.

☐ SCHAUT EUCH GEMEINSAM ALTE KINDERFOTOS AN!

Wart ihr beide süß!

46.

☐ GENIESST zusammen eine LECKERE Verkostung!

47.

☐

BESORGT EINE WELTKARTE UND MARKIERT DIE ORTE, DIE IHR SCHON GEMEINSAM BESUCHT HABT!

Schmiedet neue Pläne!

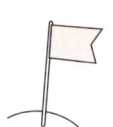

48.

STARTET EINE SHOPPING QUEEN CHALLENGE!

Budget: _____

Zeit: _____

49.

Verabredet EUCH ZUM MORGENGRUSS!

#Yogalife

50.

GEHT AUF EINE PARTY, AUF DER IHR NIEMANDEN KENNT!

Immer der Musik nach!

51. MALT ein KUNSTWERK!

CHALLENGE:

- ☐ Malt mit eurer schwachen Hand!
- ■ Malt mit verbundenen Augen!
- ☐ Malt, ohne eure Hände zu benutzen!

52.

☐

WE DO NOT CARE: VERBRINGT EINEN TAG IN JOGGINGHOSEN!

Natural Beauties!

53.

☐

SINGT wie EINE GIRLBAND IN EINER KARAOKEBAR!

54.

☐

SPIELT EINE RUNDE WAHRHEIT ODER PFLICHT!

Gerne auch mit euren Freunden!

55.

☐ UNTERHALTET EUCH EINE STUNDE LANG NUR DURCH MIMIK UND GESTIK!

Für echte Profis!

WOW!

56.

☐

BESUCHT zusammen ein FESTIVAL!

57.

☐

HÖRT ZUSAMMEN EINEN ABEND LANG EURE LIEBLINGSMUSIK! WECHSELT EUCH BEIM AUSSUCHEN AB!

58.

MACHT ein WITZIGES
UNTERWASSERFOTO!

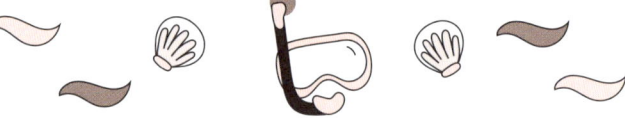

59. SPIELT EIN PAAR RUNDEN BEER PONG GEGENEINANDER!!

Ein anderes Getränk ist auch erlaubt!

60. GÖNNT euch EIN

WELLNESSWOCHENENDE!

61. BESTELLT EUCH PIZZA UND SCHAUT EUREN LIEBLINGSFILM!

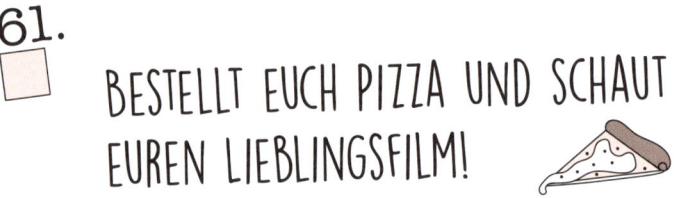

Wer bekommt das letzte Stück?

62.

☐ ÜBT EUCH EINE WOCHE LANG IN VERZICHT! AUF WAS KÖNNT IHR VERZICHTEN?

_____

63.

MACHT eine

KISSENSCHLACHT!

64.

☐ MACHT EINE LISTE MIT EUREN VERFLOSSENEN!

 O je, kannst du dich an die/den erinnern?

65.

MACHT zusammen einen AUSFLUG in die NATUR! ANSCHLIESSEND:

CAMPING
GLAMPING

Und so war's:

_____
_____
_____
_____
_____
_____
_____
_____
_____
_____
_____
_____
_____
_____
_____
_____
_____
_____
_____

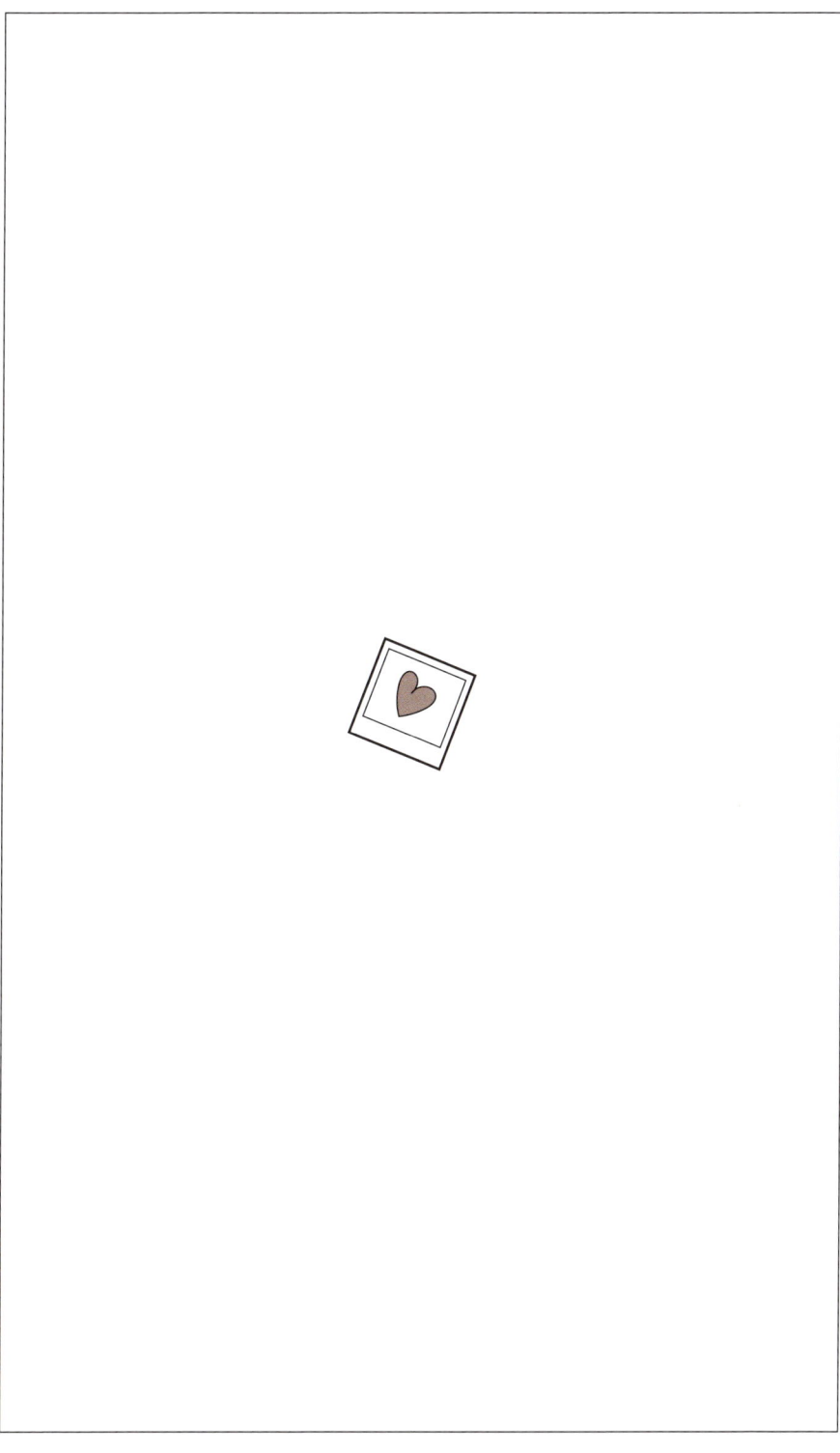

HERBST

66.

LASST ZUSAMMEN EINEN DRACHEN STEIGEN!

SCHNITZT EINEN HALLOWEENKÜRBIS! **67.**

68.

GÖNNT EUCH EIN PAAR SCHICKE GUMMISTIEFEL!

69. SPRINGT GEMEINSAM DURCH REGENPFÜTZEN!

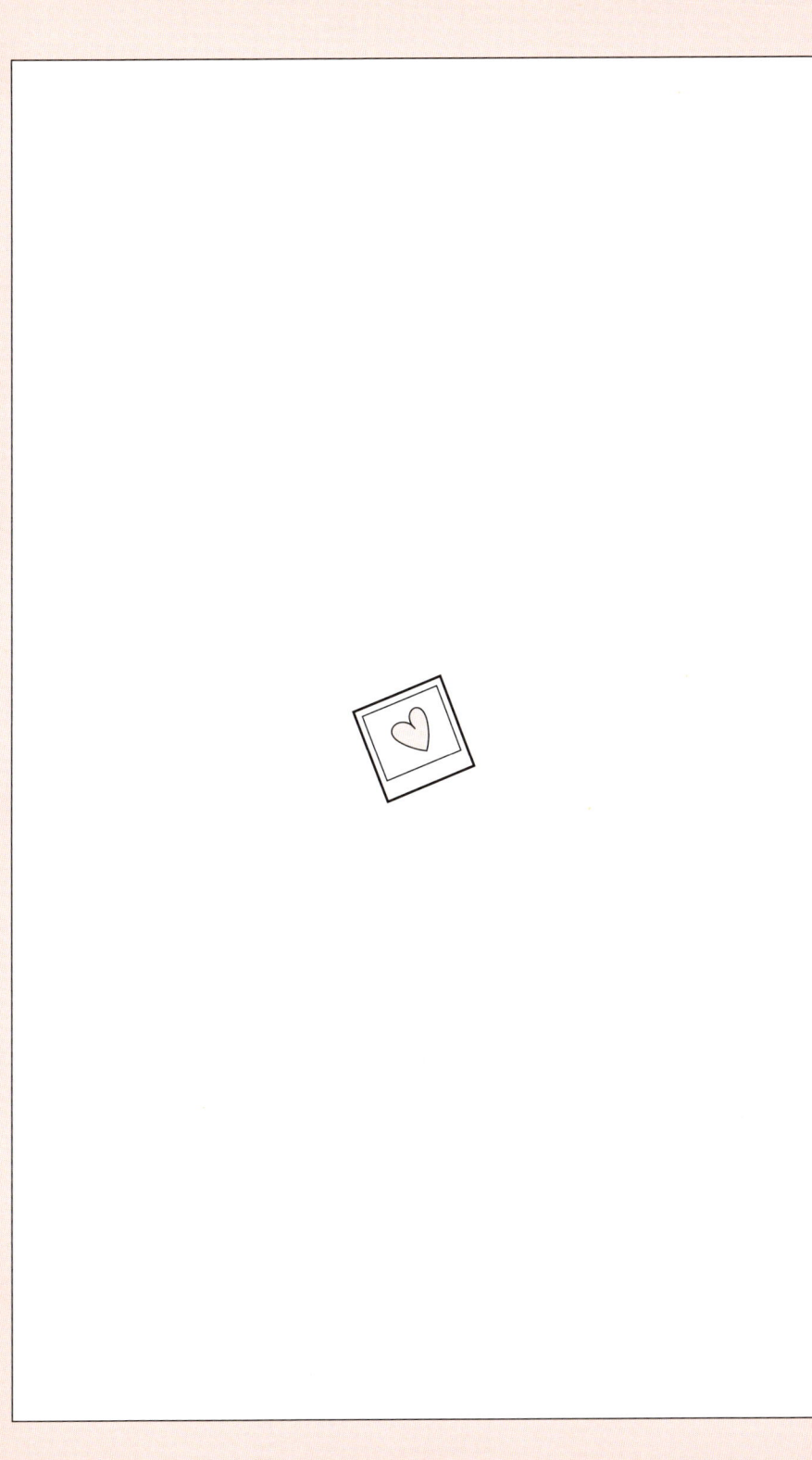

70.
☐ MELDET EUCH GEGENSEITIG BEI EINER DATINGPLATTFORM AN!

Just for fun!

Sucht EUCH
EINE SCHÖNE WIESE
71.
☐ *und* MACHT EIN PICKNICK!

72.
☐ ENTKOMMT AUS EINEM ESCAPE-ROOM!

 Hinweis gefällig?

TUT GEMEINSAM etwas VERBOTENES!

IHR LANDET NOCH HINTER SCHWEDISCHEN GARDINEN!

Oft klärt die Nacht, was der Tag nicht weiß!

75.

☐ STELLT EUCH UNTER EINEN REGENBOGEN UND FINDET SEIN ENDE!

76.

☐ VERANSTALTET einen DIY-NACHMITTAG!

77.

☐ BESUCHT ZUSAMMEN EINEN LATERNENUMZUG!

Laterne, Laterne, Sonne, Mond und Sterne!

78.

☐

SCHAUT EUCH EURE LIEBLINGSKINDERSERIE NOCHMAL
AN UND ESST DAZU CORNFLAKES!

79.

☐

BESTEIGT einen BERG!

80.

☐

BESUCHT EINE TROPISCHE INSEL UND STOSST
MIT EINER KOKOSNUSS AN!

Sun is shining, life is good!

81.

MACHT EINEN SPONTANEN ROADTRIP ÜBERS WOCHENENDE!

Ihr könnt natürlich auch mit dem Zug fahren!

VERANSTALTET *einen*

82.

SERIENMARATHON!

Serie: _____

Angefangen am: _____

Beendet am: _____

83.

BACKT ZUSAMMEN EINEN KUCHEN UND SPENDET IHN!

Auch wenn er soooo lecker ist!

84.

☐

Hinterlasst
DEN SCHÖNSTEN
Kussmund!

85.

Beschreibt EUCH GEGENSEITIG
IN DREI WORTEN!

Wer ist gemeint:

_____   _____

↓   ↓

„Der Charakter ruht auf der Persönlichkeit, nicht auf den Talenten."

Johann Wolfgang von Goethe

86. VERANSTALTET ein KRIMIDINNER mit euren freunden!

CRIME SCENE CRIME SCENE

Rollen:

_____   _____

_____   _____

_____   _____

_____   _____

Handlung:

_____

_____

_____

_____

_____

_____

_____

_____

_____

_____

_____

_____

_____

_____

87. KAUFT EUCH EIN SCHLOSS, LASST ES GRAVIEREN UND BEFESTIGT ES AN EINER BRÜCKE!

Diese Freundschaft hält für immer!

88. *Lacht*, BIS euch DIE TRÄNEN, KOMMEN!

89. KÄMPFT UM EUER LEBEN BEI EINER RUNDE LASERTAG!

Wer hat gewonnen? _____

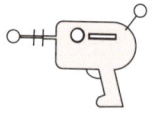

90. springt ÜBER EUREN SCHATTEN!

Macht etwas, das euch nicht leichtfällt!

Aktion: _____

Wie war's? _____

_____

_____

_____

_____

_____

_____

Aktion: _____

Wie war's? _____

_____

_____

_____

_____

_____

91. FRAGT einen FREMDEN NACH SEINER HANDYNUMMER!

Name: _____

Handynummer: _____

Was passiert ist: _____

_____

_____

_____

_____

_____

_____

Name: _____

Handynummer: _____

Was passiert ist: _____

_____

_____

_____

_____

_____

_____

92. ERSTELLT eure PERSÖNLICHE PLAYLIST

Stimmung:

Interpret	Titel
Interpret	Titel
Interpret	Titel
Interpret	Titel
Interpret	Titel
Interpret	Titel
Interpret	Titel
Interpret	Titel
Interpret	Titel
Interpret	Titel
Interpret	Titel

93.

KAUFT EUCH STRASSENKREIDE UND ERSCHAFFT EIN SCHÖNES KUNSTWERK!

Festgehalten bis zum nächsten Regen!

94. VERANSTALTET eine MODENSCHAU mit EUREN   HÄSSLICHSTEN KLAMOTTEN!

95.

KNÜPFT EURE EIGENEN FREUNDSCHAFTSBÄNDER!

Mehr Retro geht nicht!

96.

☐ MACHT GEMEINSAM ETWAS SEHR PEINLICHES IN DER ÖFFENTLICHKEIT!

Das ist ja unerhört! UUPS!

97.

☐
SCHAUT euch ZUSAMMEN einen SONNENUNTERGANG AN!

98.

☐ BESUCHT ZUSAMMEN EINEN WOCHENMARKT UND PROBIERT DINGE, DIE IHR NOCH NICHT KENNT!

Lasst euch ein wenig beraten!

WINTER

99.
☐ VERSUCHT EINE PIROUETTE AUF DEM EIS!

100.
☐

FEIERT *zusammen* WEIHNACHTEN!

101.
☐

BASTELT FÜR DIE ANDERE EINEN ADVENTSKALENDER!

102.

☐ BAUT ZUSAMMEN EIN IGLU UND STELLT EUCH VOR, IHR WÄRT GERADE AM NORDPOL!

103.

☐ BASTELT WEIHNACHTSPOSTKARTEN UND VERSENDET SIE!

104. ☐ BESUCHT EINEN WEIHNACHTSMARKT UND TRINKT PUNSCH!

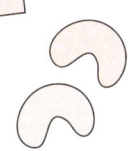

105.

☐

BACKT ZUSAMMEN WEIHNACHTSPLÄTZCHEN!

106.

☐

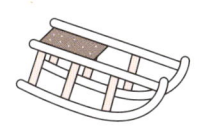

GEHT EINE RUNDE SCHLITTENFAHREN!

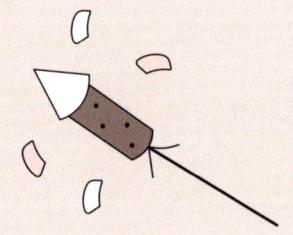

FINDET und FEIERT

10?.

euren

JAHRESTAG!

_____
Datum

Freunde sind Menschen, die dir nicht den Weg zeigen,
sondern ihn einfach mit dir gehen!

108.

DREAM BIG!

HALTET HIER EURE GROSSEN TRÄUME UND WÜNSCHE FEST!

109. □ HABT EUCH LIEB!

110. □ STREITET EUCH!

111. □ VERSÖHNT EUCH!

„Versöhnung ist die Kunst, den Zauber eines
Neuanfangs ein zweites Mal zu spüren."

Stephan Sarek

112. FOTOCHALLENGE! MACHT HEUTE EIN BILD UND KLEBT ES HIER EIN! IN EIN PAAR JAHREN MACHT IHR EIN BILD MIT DEMSELBEN MOTIV! WIE HABT IHR EUCH VERÄNDERT?

ERSTES FOTO

Datum erstes Foto: _____

Datum zweites Foto: _____

ZWEITES FOTO

113.

☐

KAUFT EUCH ETWAS AUF AMAZON UND SCHREIBT EINE
WITZIGE REZENSION ÜBER DAS PRODUKT!

Diese Socke hat mein Leben verändert!

114.

☐

VERSCHICKT zusammen eine FLASCHENPOST!

115.

☐

GESTALTET EIN FOTOBUCH MIT EUREN SCHÖNSTEN MOMENTEN!

116.

HAKUNA MATATA: EINFACH MAL FAUL SEIN!

Ihr könnt auch den König der Löwen schauen!

117.

KAUFT euch SÜSSIGKEITEN aus eurer KINDHEIT!

118.

RICHTET GEGENSEITIG EUREN JUNGGESELLINENABSCHIED AUS!

Wer traut sich als Erste?

119.

SEID die TRAUZEUGIN der ANDEREN!

Nur die beste Freundin wird zur
Trauzeugin befördert!

120.

MEISTERT EIN PUZZLE MIT MINDESTENS 1.000 TEILEN!

Der Himmel hat zu viele blaue Teile!

121.

☐ BEI IKEA ☐ DRAUSSEN ☐ ZUHAUSE

122.

BEOBACHTET LEUTE AUF DER STRASSE UND DENKT EUCH GESCHICHTEN ZU IHNEN AUS!

 Es war einmal ...

123.

VERANSTALTET EINEN HAUSFLOHMARKT!

Goodbye, das braucht ihr nicht mehr!

124.

KAUFT EUCH WAS SCHÖNES VON DEM GELD!

125.

MÄDELSABEND!

Verzichtet ⊗ DABEI EINEN ABEND LANG auf eure HANDYS!

126. 30. GEBURTSTAG!

127. 40. GEBURTSTAG!

128. 50. GEBURTSTAG!

Zusammen gefeiert!

129.

MACHT EINE FAHRT MIT DEM HEISSLUFTBALLON
UND ERKUNDET DIE WELT VON OBEN!

Höhenangst?

130.

Sagt EINEN TAG lang JA ZU ALLEM!

Und so war's:

_____

_____

_____

_____

_____

_____

_____

131. WELTUNTERGANG! WIE VERBRINGT IHR EUREN LETZTEN TAG?

#YouAreLegend

Uhrzeit: Aktivität:

SPIELT EIN PAAR RUNDEN TIC–TAC–TOE!

Die Gewinnerin hat einen Wunsch frei!

SPIELFLÄCHE

133.

HOCH HINAUS: SPRINGT EINE RUNDE TRAMPOLIN!

Händchenhalten erlaubt!

134.

FAHRT eine RUNDE TRETBOOT!

135.

BESUCHT ZUSAMMEN EIN KONZERT MIT EXTRA DAFÜR
ENTWORFENEN OUTFITS!

136.

BILDET EIN TEAM UND GEWINNT EIN QUIZ!

Bitte nicht streiten!

137. ICH HAB DICH

LIEB!

Sagen, singen, schreien ...

138.

GRÜBELT GEMEINSAM ÜBER EURE BUCKET LIST UND DARÜBER, WAS IHR NOCH TUN MÖCHTET!

Platz gibt's auf den nächsten Seiten ...

139.

VERVOLLSTÄNDIGT *eure* BUCKET LIST!

✓ ♥ ♡

„Das ist der Anfang vom Ende."

140.

141.

142.

143.

144.

145.

146.

147.

148.

149.

150.

151.

152.

153.

154.

155.

156.

157.

158.

☐

EURE RENTE GENIESSEN!

159.

☐

GRAUE HAARE BEKOMMEN!

160.

☐

FÜR IMMER FREUNDINNEN BLEIBEN!

„Ende gut, alles gut!"

Du bist die
BESTE FREUNDIN
der Welt ♥

Das Ausfüllbuch
zum Verschenken

KENNST DU SCHON ...

Du bist die beste Freund
der Welt

ISBN: 978-3-96698-194-1
www.cupcakesandkisses.d

BLICK INS BUCH ⟶

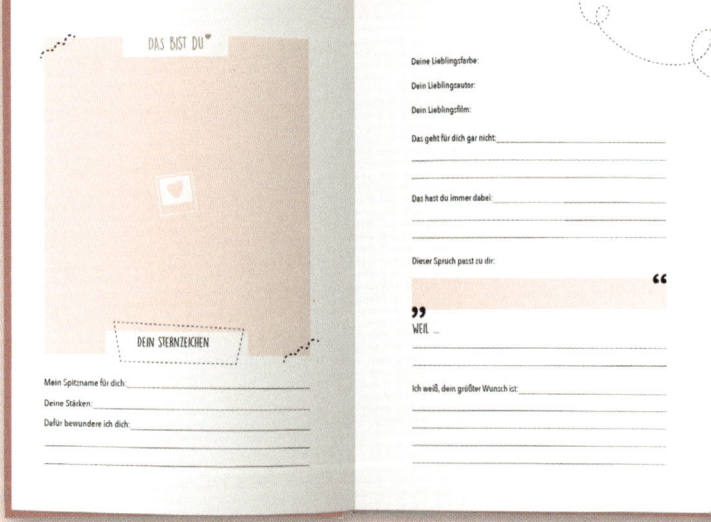

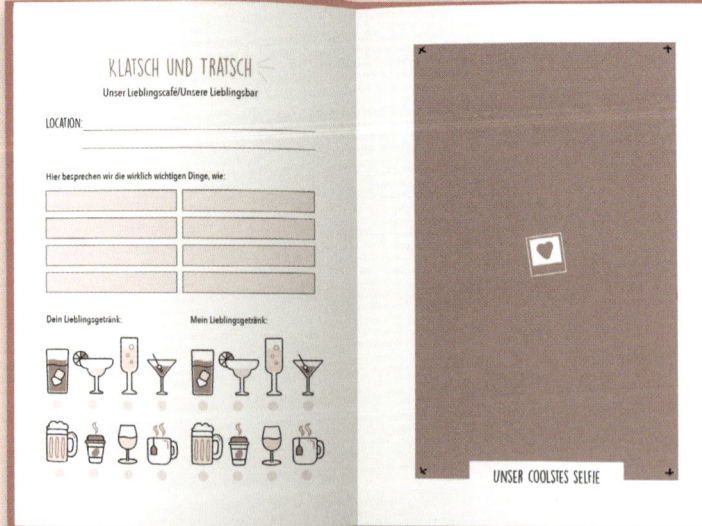

UND ...

Das sind Wir: die Bucket List für Paare

ISBN: 978-3-96966-468-1
www.cupcakesandkisses.de

BLICK INS BUCH

30. BEWAHRT EIN FOTO DES ANDEREN IN EURER GELDBÖRSE AUF!

31. GENIESST gemeinsam EIN Schaumbad! Kerzen nicht vergessen!

32. LERNT DIE FREUNDE DES JEWEILS ANDEREN KENNEN! Hätte sein! hältst!

33. GEHT AUF EINE KNEIPENTOUR UND BESTELLT NUR EINEN DRINK PRO BAR!

34. KUSCHELT EUCH gemeinsam ANS LAGERFEUER! Marshmallows dabei?

35. KÜSST EUCH UNTER EINEM MISTELZWEIG!

51. EINEN Heiratsantrag MACHEN BEKOMMEN!

Wir verzichten bewusst auf das Einschweißen unserer Bücher – der Umwelt zuliebe.
Keine Folie – weniger Plastikmüll.

Für Fragen:
kontakt@cupcakesandkisses.de
1. Auflage 2021
© 2021 Cupcakes & Kisses Publishing (Nova MD),
ein Imprint der Roklife UG (haftungsbeschränkt)
Alfred-Nobel-Str. 20
97080 Würzburg
Tel. 0800 - 7242199
www.cupcakesandkisses.de

Bestellung und Vertrieb:
Nova MD GmbH, Vachendorf

Printed in the EU

ISBN 978-3-96966-469-8

www.cupcakesandkisses.de